W0316864

Dieses Buch gehört:

Miss Elli und die magische Hunderettung

Eine Geschichte von Susanne Fülscher
mit Bildern von Kristina Nowothnig

CARLSEN

Gaut

Inhalt

Kapitel 1

Mieke trifft Herrn Honigbacke und Freddie

Es regnet.
Mieke mag es, wenn es regnet.
Dann pitscht und patscht sie
mit ihren Gummistiefeln
durch die Pfützen.
Manchmal schimpft Mama,
weil Miekes Hosen
dreckig werden.

Deswegen pitscht und patscht Mieke
heute auf dem Heimweg von der Schule
nur ein bisschen.
„Pass doch auf, du freches Ding!“,
schimpft plötzlich jemand hinter ihr.
Mieke fährt herum.
Es ist Herr Honigbacke, der Nachbar
aus dem Nebenhaus, mit seinem Hund Freddie.

Freddie ist der süßeste Hund, den man sich vorstellen kann!
Sein weißes Fell hat hellbraune Tupfen und seine Schlappohren sind dunkelbraun wie Schokolade.
Wenn Mieke ihn auf der Straße sieht, wird ihr ganz warm im Bauch.

Leider ist Herr Honigbacke kein bisschen süß.
Er ist noch nicht mal nett.
Er grüßt nie.
Und er sperrt Freddie in einen Hundezwinger
im Vorgarten.
Dort wächst nur Gestrüpp mit piksenden Dornen.
In der Nachbarschaft erzählt man sich,
dass Herr Honigbacke
tote Insekten sammelt
und aufspießt.
Und dass er zum
Frühstück einen Brei aus
rohen Eiern, Leberwurst
und Haferflocken isst.

IGITT!

Neulich hat Mieke gesehen,
wie Herr Honigbacke Freddie angebellt hat.
Als wäre Herr Honigbacke der Hund.
Und als wäre Freddie ein Mensch,
den er nicht ausstehen kann.
Trotzdem entschuldigt sich Mieke jetzt
bei Herrn Honigbacke.
Obwohl sie ihn ja nicht absichtlich
mit Pfützenwasser bespritzt hat.

Dann beugt sie sich runter, um Freddie
zu streicheln.
Doch der kleine Hund weicht erschrocken zurück.
Und er winselt leise.
„Komm schon, Freddie!“, sagt Herr Honigbacke
und zerrt ruppig an der Leine.

AUA!

Das tut Freddie doch bestimmt weh.

Kapitel 2

Eine schreckliche Entdeckung

Mieke trödelt nachdenklich weiter.
Warum ist Herr Honigbacke nur so böse
zu seinem Hund?
Als sie schon fast zu Hause ist,
springt auf einmal ihr kleiner Bruder Ben
hinter einem Lieferwagen hervor.
Mieke erschrickt, stolpert und fällt hin.
Genau in eine Pfütze.
„Mann, Ben!“,
schimpft sie und
rappelt sich
wieder hoch.

Zu blöd!
Jetzt ist ihre Hose doch dreckig geworden.
Und auch noch nass.
„Ich … ich hab was gesehen!“,
stottert Ben aufgeregt.
„Was denn?“, will Mieke wissen.
„Herr Honigbacke schlägt Freddie!“
Jetzt versteht Mieke, warum Freddie
sich nicht streicheln lassen wollte.
Er hatte Angst vor ihr.
Genau wie vor seinem Herrchen!

Da entdeckt Mieke Herrn Honigbacke
wieder auf der anderen Straßenseite.
Rasch zieht sie ihren Bruder
hinter den Lieferwagen.
Herr Honigbacke will die Straße überqueren,
aber Freddie bleibt zitternd stehen.

„Komm endlich!“
Herrn Honigbackes Stimme knarrt
wie ein altes Garagentor.
Aber Freddie rührt sich nicht vom Fleck.
„Jetzt hab ich aber genug von dir!“,
schimpft Herr Honigbacke.
Er holt aus und haut dem kleinen Hund
mit seiner Zeitung auf den Rücken.
Freddie jault auf.
Mieke und Ben gucken sich entsetzt an.
Sie müssen etwas tun!
Nur was?

Kapitel 3

Miss Elli muss helfen

Beim Mittagessen sagt Mama:
„Heute Abend kommt Miss Elli und passt auf euch auf.
Papa und ich müssen arbeiten."
„Juhu!", ruft Ben.
Seit Miss Elli ihm neulich Abend das Schwimmen beigebracht hat, findet er sie richtig cool.

Mieke freut sich sowieso.
Miss Elli ist einfach wonderful!
Und vielleicht weiß die alte Dame ja auch,
wie man Freddie helfen kann.
Mieke ist ganz kribbelig.
Sie kann es kaum erwarten,
dass es endlich Abend wird.
Ben sieht ständig auf die Uhr.
Dann ist es so weit.
Mama und Papa verabschieden sich.

Die Kinder essen mit Miss Elli zu Abend.
Es gibt Pizza.
Die stand auf einmal auf dem Tisch.
Genau wie die Obstschale.
Miss Elli greift nach einer Erdbeere,
die fast genauso aussieht
wie die Erdbeere an ihrer Kette.
Natürlich ist die nicht echt.
Es ist nur eine Kette.
Ben könnte schwören, dass Miss Elli sich
die Erdbeere vom Hals gepflückt hat.
Aber nein, die Kette ist noch da!

„Wollen wir gleich mit dem Fliemo fliegen und die Regenwolken wegpusten?“, fragt Miss Elli. „Wäre das nicht wonderful?“

Mieke schüttelt so wild den Kopf, dass ihre Haarspange verrutscht.

„Wir müssen erst Freddie helfen!“

Sie erzählt, was sie und Ben heute beobachtet haben.

Miss Elli wiegt traurig den Kopf.

„Armer Freddie! Deswegen jault er so oft.“

„Ich weiß was!“, ruft Ben. „Wir nehmen Herrn Honigbacke den Hund einfach weg.“
„Das geht leider nicht“, entgegnet Miss Elli. „Freddie gehört ihm ja.“
„Aber Herr Honigbacke darf ihn nicht schlagen“, sagt Mieke. „Niemand darf Tiere schlagen!“
Miss Elli nickt nachdenklich.

Auf einmal hören sie Gebell unten auf der Straße.
Das ist bestimmt Freddie!
Miss Elli, Mieke und Ben flitzen zum Fenster
und schauen hinaus.
Aber Herr Honigbacke und sein Hund
sind längst auf und davon.
„Kommt!“, sagt Miss Elli. „Wir verfolgen
Herrn Honigbacke mit meinem Fliemo.“

Kapitel 4

Ein Hundehaufen fliegt durch die Luft

Im Eiltempo geht es die Treppen nach oben.
Miss Elli schließt die Wohnungstür auf.
„Hallihallo!“, krächzt der Papagei. „Hellohello.
Will Kekse!“
„Später, Amadeus!“
Miss Elli rennt durchs
Wohnzimmer.

Mieke und Ben stolpern hinter ihr her.
Auf der Dachterrasse zerrt Miss Elli
einen alten Koffer unter der Bank hervor.
Sie entriegelt die Schnallen.
Dann bricht der Koffer mit einem lauten Knall
auseinander.

Vor ihnen steht Miss Ellis Fliemo,
das magische Flugmobil!
Ben und Mieke stülpen sich die Helme über
und klettern auf die Sitze.

Miss Elli lässt den Motor an.
Das Fluggerät hebt knatternd
von der Dachterrasse ab.
Unter ihnen werden die Häuser und Bäume
kleiner und kleiner.
Die Straßen winden sich wie Würmer
durch die Stadt.
Die Kinder klammern sich aneinander fest,
weil der Wind so heftig am Fliemo rüttelt.
Zuerst fliegen sie zum Wasserturm im Park.
Doch Herr Honigbacke ist nirgends zu sehen.

Dann lenkt Miss Elli
das Fliemo zur großen Wiese.
Hier flitzt nur ein Eichhörnchen einen
Baumstamm hinauf.
Zuletzt fällt Miss Elli der kleine Teich ein.
In einer scharfen Kurve geht es über den Park.
Miss Elli nimmt Kurs auf den Teich.
„Da!“, ruft Ben aufgeregt. „Da ist er!“

Miss Elli stellt den Motor auf lautlos und
fliegt näher an Herrn Honigbacke heran.
Freddie verrichtet gerade sein Geschäft
am Rand des Spazierwegs.
Als er fertig ist, zerrt Herr Honigbacke
seinen Hund mit sich fort.
Den Haufen lässt er einfach liegen.

„Na, warte!“, brummt Miss Elli.
Lautlos landet das Fliemo
hinter einem Busch.
Die Kinder und Miss Elli steigen ab.
„Und nun?“, fragt Mieke.
„Jetzt erteilen wir Herrn Honigbacke
eine Lektion“, erklärt Miss Elli.
Mieke ist gespannt, wie sie das anstellen will.

Schon zieht Miss Elli ihren magischen Stift
und einen Block aus der Jackentasche.
Dann zeichnet sie einen Hundehaufen.
„Igitt!“, sagt Ben.
„Cool!“, ruft Mieke.
„Hey, ho – let’s go!“, singt Miss Elli
und schnippt mit den Fingern.
„One, two, three – jetzt oder nie!“

FLUPP

macht es und der Hundehaufen saust durch die Luft.

Im nächsten Moment springt Herr Honigbacke zur Seite.

„Mist!“, hören ihn die Kinder rufen.

An seinem Schuh klebt etwas.

Und das sieht nicht besonders appetitlich aus.

Kapitel 5

Eine unheimliche Stimme aus dem All

Herr Honigbacke wischt sich angewidert den Schuh sauber.

Mit der anderen Hand hält er sich dabei die Nase zu.

Mieke muss kichern.

Das geschieht ihm recht!

Miss Elli malt schon ein neues Bild.
Ben lugt ihr über die Schulter.
„Was ist das?“, will er wissen.
„Ein Megafon“, antwortet Miss Elli und
hält das Sprachrohr auch schon in der Hand.
„Und was macht man damit?“, fragt Ben weiter.
„Das wirst du gleich sehen.“

Miss Ellis Stimme hallt unheimlich,
als sie in das Megafon spricht:
„Lass Freddie in Ruhe!“
Mieke sieht, wie Herr Honigbacke
vor Schreck gegen einen Baum läuft.
„Dies ist eine Warnung aus dem All!“,
tönt es erneut.

Herr Honigbacke blickt sich ängstlich um.
Aber da ist niemand.
„Komm, Freddie“, sagt er.
Dann macht er, dass er wegkommt.
Er rennt richtig.
Freddie jagt hinter ihm her.
An der großen Wiese macht Herr Honigbacke japsend halt.

Miss Ellis Stift fliegt schon wieder
über das Papier.
Drei große Hunde zeichnet sie.
Ben erschrickt, als die Tiere plötzlich
mit gefletschten Zähnen vor ihnen stehen.
„Four, five, six – jetzt aber fix!",
schmettert Miss Elli.
Wieder schnippt sie mit den Fingern und
die Hunde stürmen bellend los.

Neugierig spähen Miss Elli und die Kinder
um den Busch herum.
Einen knappen Meter vor Herrn Honigbacke
bleiben die Hunde stehen und knurren laut.
Herr Honigbacke zittert und bibbert.

Da schnippt Miss Elli
mit den Fingern und die Hunde flitzen zurück.
Auf einmal sehen sie ganz lieb aus.
„Brav“, sagt Miss Elli und gibt jedem ein Leckerli.
Mieke streichelt dem größten Hund
über den Kopf.
Dann zerknüllt Miss Elli das Blatt
mit der Zeichnung und die Hunde sind
wieder verschwunden.

„Freddie, du dummer Hund!“,
schimpft Herr Honigbacke.
„Was fällt dir ein, diese Köter anzulocken?“
Er hebt drohend die Faust.
Freddie jault ängstlich auf.
„Sei bloß still!“
Herr Honigbacke läuft wütend nach Hause.
Er zerrt und zieht an Freddies Leine.
Miss Elli folgt ihm mit Ben und Mieke heimlich
auf dem Fliemo.
Sie landen vor Herrn Honigbackes
Garten und beobachten ihn
durch die Hecke.

Kapitel 6

Ein richtig cooler Denkzettel

Wütend gibt Herr Honigbacke seinem Hund einen Tritt und sperrt ihn in den Hundezwinger.
Mieke hält sich erschrocken die Augen zu.
Bei Ben kullern sogar die Tränen.
Wie kann Herr Honigbacke Freddie das nur antun?
„Miss Elli, mach doch was!“, drängt Mieke.
Miss Elli kritzelt und krakelt auf ihrem Block herum.
„Gleich hab ich’s!“
Dann hat sie plötzlich ein großes Pflaster in der Hand.

Miss Elli schnippt mit den Fingern und schmettert:
„Seven, eight, nine – das wird fein!"
Da saust das Pflaster auch schon durch die Luft.
PLOPP macht es und das Pflaster verschließt
Herrn Honigbackes Mund.
Herr Honigbacke will etwas sagen,
aber er kann nicht.
Und dann schlingt sich auch noch
eine Hundeleine um seine Füße.

Nun zeichnet Miss Elli wieder
mit dem Zauberstift.
SCHWUPS, hält sie einen Schlüssel
in der Hand.
Sie schwenkt ihn hin und her – und knarrend
öffnet sich das Schloss an der Käfigtür.

Freddie nutzt den Moment und rennt los.
Direkt auf die Hecke zu.
„He, Freddie!“
Mieke schnalzt leise mit der Zunge.
Der kleine Hund bleibt zitternd vor ihnen stehen.
„Alles wird gut, Freddie“, sagt Miss Elli.
Freddie schaut noch etwas ängstlich,
doch dann lässt er sich von Mieke und Ben
streicheln.

„Was machen wir denn jetzt mit ihm?“,
will Mieke wissen.
„Wir nehmen ihn mit nach Hause“,
erklärt Miss Elli.
„Aber das dürfen wir doch nicht!“, entgegnet Ben.
„Morgen bekommt Herr Honigbacke
seinen Hund ja wieder zurück“, meint Miss Elli.
„Und heute Nacht hat er genug Zeit,
um über alles nachzudenken.“

Freddie klemmt ängstlich den Schwanz ein,
als Miss Elli das Fliemo startklar macht.
„Mieke, du hältst ihn fest“, bestimmt sie.
Ganz eng kuschelt sich Mieke an den Hund,
als das Fliemo zu Miss Ellis Dachterrasse fliegt.
Ben legt seine Hand auf Freddies Köpfchen.

Aus der Luft sehen sie, wie Herr Honigbacke das Pflaster abreißt und sich von der Leine befreit.

„Komm zurück, Freddie!“, ruft er.

Dann trottet er traurig davon.

Sicher landet das Fliemo wieder
auf der Dachterrasse.
Miss Elli drückt auf einen Knopf und
das Fliemo faltet sich mit einem leisen

POFF-BÄNG-ZISCH

zusammen.
Mieke und Ben knuddeln Freddie zum Abschied.
Denn der muss in Miss Ellis Wohnung bleiben,
während die alte Dame die Kinder ins Bett bringt.

Mieke kann die ganze Nacht nicht schlafen.
Wie es Freddie wohl bei Miss Elli geht?
Auch Herr Honigbacke bekommt kein Auge zu,
als er in seinem Bett liegt.
Er vermisst seinen Hund ganz schrecklich.
Er war wirklich zu gemein zu ihm.

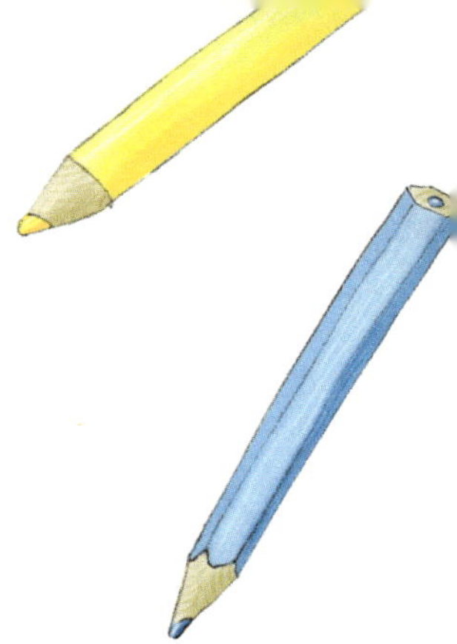

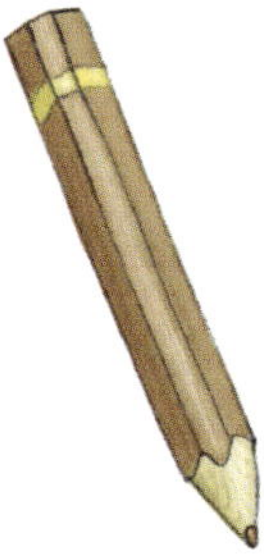

Kapitel 7

Verräterische Hundehaare

Am nächsten Morgen beim Frühstück will Mama wissen, was sie am Abend mit Miss Elli gemacht haben.

„Wir haben Hunde gemalt!“, sagt Ben und kichert verstohlen in seinen Ärmel.

„Und ein Pflaster und eine Leine“, ergänzt Mieke.

Papa schaut in die Küche.

„Sagt mal, war hier gestern ein Hund?“

Mieke und Ben wechseln einen überraschten Blick.

Wie kommt Papa denn darauf?

„Eure Schlafanzüge sind voller Hundehaare“,
fährt er fort.
Ben wird ganz blass.
Aber Mieke hat einen Blitzeinfall.
„Die waren an Miss Ellis Schmusedecke“,
erklärt sie. „Die bringt sie jetzt immer mit.
Weil ihr sonst kalt wird.“
„Hat Miss Elli denn neuerdings einen Hund?“,
fragt Mama überrascht.
Mieke schüttelt den Kopf.
„Aber sie passt manchmal auf einen auf.“
Und das ist noch nicht mal gelogen.

Nach der Schule dürfen Mieke und Ben
zu Miss Elli hochgehen.
Mama hat einen Blumenstrauß
für die alte Dame gekauft.
Weil sie jetzt schon zum zweiten Mal
auf Ben und Mieke aufgepasst hat.

Freddie springt freudig an den Kindern hoch,
als die Tür aufgeht.
Miss Elli seufzt.
„Jetzt müssen wir den Hund zurückbringen.
Verabschiedet euch von ihm."
„Tschüss, Freddie", sagt Mieke und
schlingt ihre Arme um seinen Hals.
„Tschüss, Freddie", murmelt Ben und
krault ihm das Köpfchen.

Kapitel 8

Herr Honigbacke lacht und weint

Schweren Herzens steigen sie die Treppe nach unten, gehen zum Nachbarhaus und klingeln bei Herrn Honigbacke.
Der reißt sofort die Tür auf.
„Freddie, wo warst du nur?"
Er lacht und weint.
Beides gleichzeitig.

Freddie bleibt zögerlich auf der Fußmatte stehen.
Er wedelt nicht mal mit dem Schwanz.
„Ich dachte schon, du bist weggelaufen!“,
fährt Herr Honigbacke fort.
„Freddie ist weggelaufen“, sagt Miss Elli.
„Und Sie wissen bestimmt auch, warum.“
Herr Honigbacke starrt Miss Elli an.
Miss Elli starrt grimmig zurück.
Freddie fiept ängstlich.

„Man darf Hunde nicht schlagen!“, erklärt Mieke mit fester Stimme.

„Und wenn doch, wird man bestraft“, ergänzt Ben.

„Vom All!“, trompetet Miss Elli.

Herrn Honigbackes Kinn fängt an zu zittern.
So große Angst hat er plötzlich,
als ihm die Erlebnisse vom Abend
wieder einfallen.
„A… a… alles k… k… klar“, stottert er.
Rasch nimmt er Freddie auf den Arm
und stupst seine Nase ins Fell.
„Kommt, Kinder“, sagt Miss Elli.
Die Tür fliegt zu.
„Freddie, du bist doch mein Ein und Alles!“,
hören sie Herrn Honigbacke dahinter seufzen.

Am nächsten Tag nach der Schule
staunen Mieke und Ben,
als sie an Herrn Honigbackes Vorgarten
vorbeikommen.
Das Dornengestrüpp ist verschwunden.
Überall auf dem Rasen sind frische
Blumen gepflanzt.
Und mittendrin steht eine funkelnagelneue
Hundehütte.
„Wonderful!“, ruft Ben.
„Mega wonderful!“, quietscht Mieke.

Sie hören es bellen.
Und schon kommt Freddie aus der Hütte gestürmt.
Schwanzwedelnd springt er am Zaun hoch.
Er ist so süß mit seinem Tupfenfell und den Schlappohren!
Und als Herr Honigbacke ihnen vom Fenster aus zuwinkt, wird es Mieke ganz warm ums Herz.

Erstlesespaß, der verzaubert!

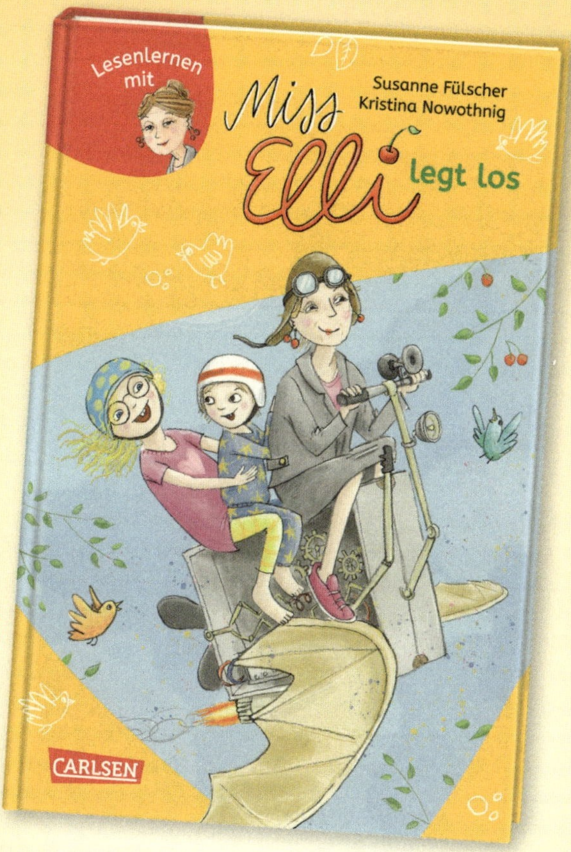

ISBN 978-3-551-06811-3

Susanne Fülscher

lebt als Schriftstellerin und Drehbuchautorin in Berlin. Sie hat um die 50 Bücher für Kinder, Jugendliche und Erwachsene verfasst, die alle mega wonderful sind. Eine magische Babysitterin wie Miss Elli hätte sie als Kind gern gehabt. Abenteuer hat sie trotzdem erlebt. Sie hat sie mit lila Tinte in ihr Geheimbuch geschrieben.

Kristina Nowothnig

wuchs in Norddeutschland zwischen Meer und Seen auf, wo sie jeden Sommer zusammen mit Fischen und Quallen schwamm. Einen Hund hatte sie noch nie als Haustier. Mit ihren magischen Stiften zaubert sie wunderbare Bilder für Kinder aufs Papier. Sie lebt mit ihrer Familie in Hamburg.

© 2019 Carlsen Verlag GmbH,
Völckersstraße 14–20, 22765 Hamburg
ISBN: 978-3-551-06812-5
Umschlag- und Innenillustrationen: Kristina Nowothnig
Layout und Satz: Karin Kröll
Lektorat: Constanze Steindamm

CARLSEN-Bücher gibt es überall im Buchhandel und auf www.carlsen.de

FSC
www.fsc.org
MIX
Papier aus verantwortungsvollen Quellen
FSC® C002795

FREDD
Ben
Rudi
Mieke